LA PAIX

OU LA GUERRE

L'ESCLAVAGE OU LA LIBERTÉ.

IMPRIMERIE DE DUCESSOIS,
QUAI DES AUGUSTINS, 55.

LA PAIX

OU

LA GUERRE

L'ESCLAVAGE OU LA LIBERTÉ.

Par J^h. PEYSSON,

AVOCAT A LA COUR ROYALE.

L'intérêt est ton Dieu, le mien est l'équité:
Entre ces ennemis, il n'est point de traité.
(MAHOMET, *trag. de Voltaire. acte II, sc. V.*)

PRIX : 1 FR. 25 c.

A PARIS,

CHEZ LADVOCAT, LIBRAIRE,

AU PALAIS-ROYAL, GALERIE NEUVE,

ET CHEZ L'AUTEUR,

RUE PAVÉE-S^t.-ANDRÉ-DES-ARTS, n° 5.

1831.

LA PAIX

OU LA GUERRE

L'ESCLAVAGE OU LA LIBERTÉ.

Lorsque l'existence d'une grande nation se trouve menacée; lorsque des principes destructeurs de la civilisation sont préconisés par des hommes qui ont joui d'une certaine réputation et de quelque faveur populaire, il est du devoir d'un bon citoyen de ne consulter que son zèle, et de prendre la plume pour signaler les écueils qui environnent la société, dénoncer les abus et rappeler les gouvernans à ces éternels principes d'utilité, de morale et de politique dont la pratique peut seule sauver la patrie dans les circonstances actuelles.

J'écris pour la France, pour cette noble terre qui deux fois, dans l'espace de quinze ans, a voulu secouer le joug doublement humiliant de l'erreur et de l'étranger; terre féconde en hommes éclairés, en citoyens courageux, terre qui sera conservée intacte et pure pour l'ornement des peuples et le bonheur de l'humanité.

L'audace imprévoyante du dernier gouvernement a pour toujours brisé le pouvoir dans ses mains. Les projets tyranniques de quelques insensés, vils instrumens de la théocratie, ont échoué devant la raison énergique de la population de la capitale. A la suite de ce glorieux événement, on a proclamé de nouveau les vrais principes conservateurs de l'ordre et du bien-être social. Le dogme juste et vrai de la souveraineté nationale a remplacé le dogme absurde et impitoyable de la légitimité.

Ainsi, les gouvernans et les gouvernés sont d'accord sur ce point : tout pouvoir vraiment légitime émane de la société. Le gouvernement lui-même n'existe que par le peuple et pour le peuple. La nomination d'un chef et l'acceptation de ce chef sont le résultat d'un véritable contrat synallagmatique. De ces principes incontestables découle la conséquence naturelle que le gouvernement doit, comme mandataire, régir dans l'intérêt de l'État. Il doit employer son temps à une bonne administration des affaires publiques, sauf à retirer l'honneur et les avantages qui sont attachés à sa position.

Écrivant pour l'époque actuelle, je soutiens que le gouvernement lui-même a le plus grand intérêt à proclamer, à reconnaître et à faire exécuter ces principes. Mais, dira-t-on, si le peuple est souverain il peut faire et défaire des rois ; et c'est là une mauvaise chance pour la royauté. Cette objection peut facilement être détruite. En effet, à qui persuadera-t-on qu'un corps de nation tout entier se complaît tellement aux révolutions qu'il puisse être porté à en essayer souvent ? La France en particulier n'a-t-elle pas donné des preuves irrécusables de sa longanimité ? Sans citer des actes trop nombreux, n'a-t-elle pas satisfait aux énormes exigences de la famille déchue en lui fournissant annuellement pour sa liste civile plus du trentième de tous les revenus de l'État ?

Ne s'est-elle pas empressée de payer les dettes qu'elle avait contractées à l'étranger? N'a-t-elle pas accordé un milliard aux émigrés? N'a-t-elle pas souffert, pour remplir de joie le cœur des ultramontains, que la loi du sacrilége trouvât place dans des codes français? N'a-t-elle pas richement doté les établissemens ecclésiastiques en leur permettant d'acquérir (1)? N'avons-nous point dans les intérêts de la Sainte-Alliance, nous, état constitutionnel, dévoré 400 millions en Espagne pour y rétablir le despotisme monacal, et faire rétrograder la civilisation de l'Europe?

Ainsi, nous pouvons affirmer sans être démenti qu'il fallait que le gouvernement de la restauration eût tout à fait comblé la mesure pour nous porter à essayer d'une nouvelle révolution. Il fallait qu'il en fût venu à sacrifier à la fois et les intérêts moraux et les intérêts matériels, et à outrager la nation.

Que pensera-t-on maintenant de ces éternelles déclamations contre la révolution et le parti prétendu

(1) Voir la loi du 2 janvier 1817, et l'ordonnance du 2 avril de la même année.

républicain? Qui sera assez simple pour ne pas reconnaître qu'elles sont l'ouvrage d'une misérable
coterie qui a eu pour objet d'abattre l'ancienne
aristocratie de la noblesse et du clergé pour y substituer une aristocratie plus vile encore, la pluto-
cratie (1).

O! mes concitoyens! voulez-vous devenir des
gens considérables, négligez les études philosophi-
ques et morales; ne rêvez jour et nuit qu'à l'intérêt,
amassez de l'argent *per fas et nefas;* vous, hommes
du commerce et de l'industrie, trompez le plus adroi-
tement possible ceux avec qui vous aurez des relations; vous, propriétaires, mettez à contribution
les sueurs du peuple; vous, capitalistes, prêtez à
usure; arrachez le dernier denier de la veuve et de
l'orphelin; faites vendre leur bien par expropriation,
devenez-en possesseurs; vous, avocats, médecins,
sachez aussi vous conduire avec art : la concurrence
est si grande! n'y manquez pas, dénigrez vos con-
frères, parlez haut, répétez sans cesse qu'ils sont
des ignares, et surtout calomniez-les ; paraissez
douter non - seulement de leur savoir, mais encore

(1) Expression nouvelle qui désigne bien le gouvernement des
riches.

de leur probité et de leur bonne foi. Je prédis qu'il vous en reviendra honneur et profit. Dans peu de temps, vous pourrez jouir d'une grande fortune; alors vous deviendrez honorables et honnêtes, et l'on croira que vous l'avez toujours été. Vous serez naturellement appelés à faire les lois parce que vous serez riches, qu'il n'y a que les riches qui aient la science législative, et qui d'ailleurs soient intéressés à l'ordre, ce qui veut dire au maintien des abus (1).

Pour vous, hommes à principes, qui osez prononcer ces mots : *Liberté, égalité, indépendance, économie,* on connaît vos travers. Vous voulez que le peuple prenne part à ses affaires et se réunisse pour les discuter ; mais vous êtes les auteurs des émeutes, vous paralysez le commerce. Vous voulez qu'on ait des égards pour lui et qu'il soit respecté : vous êtes des démagogues. Vous voulez que la nation prenne une attitude forte pour se faire respecter des souverains de l'Europe irrités de notre révolution, et qu'elle seconde le mouvement des peuples afin de préparer leur affranchissement, c'est-à-dire le règne

(1) Que les électeurs envoient à la Chambre des députés doctrinaires, et ils verront comme notre belle France sera avilie, et deviendra la risée de l'étranger.

des lois pour eux et pour nous ; mais vous êtes des insensés qui appelez une guerre générale sans calculer tous les fléaux qui en sont la suite. Vous osez proférer le mot *économie*; mais songez-donc que la cour, que les ministres, que tous les grands de l'État ont besoin de représentation. Des ministres du roi aller à pied ! fi donc! il est évident que lorsqu'on est dans un poste élevé il faut étaler un grand luxe parce que cela fait vivre le peuple.

Voilà le langage de la nouvelle secte qui dispose de la puissance publique. Pour mieux assurer les intérêts de sa domination, elle a dû employer à l'extérieur les mêmes intrigues. Les rois absolus de l'Europe lui auront dit : Votre nouveau gouvernement doit la naissance à un principe dont nous accommodons fort peu, celui de la *souveraineté du peuple*. Elle de répondre aussitôt : Qu'importe tel ou tel mot, telle ou telle dénomination ? Nous prendrons la restauration au point où elle en était, et nous ne ferons que la continuer. La charte de Louis XVIII n'était pas si mauvaise ; nous détruirons seulement les exubérances aristocratiques de cette charte : à l'aide de quelques modifications et de quelques légères améliorations, vous verrez que tout ira bien.

D'ailleurs, vous, rois, vous avez à vous plaindre des peuples qui réclament des droits ; dans ce cas, pour satisfaire la nation française, nous proclamerons le principe de non-intervention, et puis nous nous abstiendrons de le faire respecter parce que les théories sont bonnes en elles-mêmes ; mais leur application demande des précautions et du discernement. Ainsi, il convient à l'Autriche d'intervenir dans les affaires de l'Italie pour la maintenir sous le joug ; eh bien ! elle rendra au duc de Modène son pouvoir absolu, et elle viendra encore corriger les sujets du pape. Il en sera de même pour la Russie à l'égard de la Pologne, et de la Prusse ou de la Confédération germanique envers le duché de Luxembourg (1). Nous ferons tout ce qu'il vous plaira, à condition que vous nous laisserez tranquilles. Vous savez, au reste, que le gouvernement de Charles X était par trop hostile à la civilisation, et qu'avec lui on ne pouvait pas compter sur une longue sécurité.

(1) Depuis les événemens de juillet, le commandant de la forteresse de Luxembourg ne cesse de faire des actes arbitraires, et il viole, en cela, les engagemens pris par le roi lorsqu'il a réuni le duché de Luxembourg à la Belgique. Plus de cent habitans des plus honorables ont été condamnés au bannissement ; et abuser ainsi de la force, c'est, certes, bien intervenir. (*Discours du général Lamarque à la Chambre des députés, séance du 23 février 1831.*)

Sans posséder le secret des énigmes, on peut croire raisonnablement que les choses se sont passées ainsi. Tout ce que l'on voit tend à le faire présumer. Maintenant, quittons un peu le langage de la plaisanterie, et voyons sérieusement, les circonstances en valent la peine, si une pareille allure peut assurer la conservation du gouvernement, et garantir à la France pour un certain temps son indépendance, sa liberté et la paix.

Il est nécessaire, pour procéder avec méthode, de jeter un coup-d'œil rapide sur les quarante dernières années qui viennent de s'écouler ; car les faits postérieurs sont une conséquence des faits antérieurs avec lesquels ils s'enchaînent naturellement.

La révolution de 1789 était essentiellement libérale. Elle avait pour objet la reconnaissance des droits. Elle remplaçait l'autorité par la liberté ; et en détruisant les priviléges, elle donnait au genre humain l'exemple d'un grand acte de justice. Cette révolution devait avoir des ennemis nombreux et puissans : elle en eut ; de là ces déchiremens continuels, ces luttes hostiles et multipliées de l'ancien régime contre le nouveau ; de là aussi ces intrigues sourdes et ténébreuses qui avaient pour but d'exagérer le principe même de la révolution avec toutes ses conséquences, pour pousser aux extrêmes, organiser une terreur systématique, et dégoûter la génération du nouvel ordre de choses, dans le dessein de la ramener aux douceurs du pouvoir absolu.

Les anciens privilégiés n'ayant pas réussi dans leurs diverses tentatives contre-révolutionnaires, et ne pouvant supporter sans peine le joug de l'égalité, allèrent chercher du secours à l'étranger. Ils persuadèrent aisément aux rois absolus de l'Europe et aux chefs de toutes les aristocraties que leur cause était la même, et qu'il fallait se réunir pour étouffer dans leur principe les germes de la révolution française. C'est ainsi que se forma la coalition des rois de l'Europe et des vieilles aristocraties pour replacer la France sous le joug avilissant du pouvoir despotique et des préjugés religieux.

La cause de la civilisation fit des prodiges, et les Français montrèrent, dans cette circonstance, qu'un peuple qui se passionne pour la liberté supporte avec héroïsme une lutte sanglante, et en sort victorieux.

Il faut en convenir, rien n'est plus contraire au droit des gens que de chercher à détruire une nation parce qu'il lui convient de changer la forme de son gouvernement. Il y a dans cet acte une tyrannie si oppressive que, lorsqu'il se renouvellera, il soulèvera toujours l'indignation d'un peuple qui se distingue par une généreuse fierté.

Honneur aux Français qui, à cette époque mémorable, ont versé leur sang pour repousser la plus injuste agression! Les ombres généreuses de ceux qui sont morts pour la patrie nous apparaîtront et nous guideront encore au moment du danger. Oui, la jeunesse française, éminemment libérale, ne le cédera pas en patriotisme à celle de 1789, et on la trouvera toujours prête à combattre pour la liberté.

On doit vivement regretter qu'une révolution qui avait un but si noble, si grand, si généreux, celui de la liberté et de l'égalité des droits, ait été détournée de son cours. L'habile capitaine qui s'était élevé avec elle, au lieu d'en être le modérateur et le directeur, eut la faiblesse de la faire tourner à son profit personnel, car, peu satisfait du beau titre de premier citoyen de la république, il voulut en devenir le maître, faute capitale, erreur funeste qui a livré Napoléon à tous les dangers de ses passions, et qui a été pour la patrie une source féconde en calamités.

Toutefois, au milieu des fléaux de la guerre, une chose a consolé encore notre pays qui était devenu la proie du despotisme militaire, c'est qu'avec Napoléon nous n'avons jamais eu l'humiliation de subir le joug étranger. Nous avons toujours été nous-mêmes ; et c'est là ce qui attache encore les Français à ce nom magique qui nous a si souvent conduits à la victoire, si les traitemens rigoureux que le gouvernement anglais a exercé envers ce potentat détrôné n'avaient intéressé à sa triste destinée ceux-là même qui se sont montrés le plus opposés à ses vues ambitieuses.

Les excès de Napoléon étaient encore trop fraîchement dans le souvenir des Français, pour qu'en 1815, la nation opposât une résistance bien opiniâtre à la coalition des rois absolus de l'Europe qui ne voulaient plus reconnaître celui qui leur avait si souvent imposé des lois. Mais elle eut le tort, dans cette circonstance, de ne pas deviner que la cause de l'un était celle de l'autre, et que les alliés voulaient châtier la France dans la personne de son chef : le moment de l'adversité était arrivé. En effet, quinze ans d'exercice du droit divin ont dû instruire les plus simples, et pendant cette période il ne s'est agi d'autre chose que de la restauration des préjugés.

Il est évident que les alliés, en nous replaçant sous le joug des Bourbons, avaient le triple but de faire respecter le droit divin, c'est-à-dire ce qu'ils appellent leurs droits, de ruiner et d'avilir la France.

Il est vrai que Louis XVIII nous octroya une charte; mais il n'avait pas le droit de la donner, car c'était à lui à la recevoir des mains de la nation (1). Toutefois, le principe était conforme à ceux des alliés sur la légitimité. Nous observerons en passant qu'il est extrêmement important pour la société de ne pas admettre ou de ne pas laisser prévaloir de faux principes; car on peut ensuite arriver de conséquence en conséquence aux doctrines les plus subversives

(1) Le Sénat prépara, en 1814, une constitution qui avait au moins l'avantage de sauver les formes; mais cela n'accommoda pas Louis XVIII, qui prétendait régner depuis 20 ans, en vertu du droit divin; et les Français jugèrent l'ancien Sénat de l'empire indigne de travailler à un pareil ouvrage.

de la société. Aussi, avons-nous vu sans cesse les rois de la restauration dire : *mon peuple*, *mes sujets*, comme on dit : *mon cheval*, *mes troupeaux*. Les grands de l'état qui approchaient du trône ne manquaient pas de parler sur le même ton. Il n'était toujours question que de *sujets fidèles, soumis et respectueux*.

Le roi que nous avons élevé sur le trône ne tombe pas dans ces erreurs. Comme il sait bien qu'il ne tient la couronne que de la volonté nationale, il nous appelle *ses camarades*, reconnaissant ainsi qu'il n'est que le premier au milieu de ses égaux.

S'il n'y avait eu sous la restauration que quelques mots que l'on fût honteux de trouver dans notre code politique, on aurait pu supporter cette petite humiliation, et prendre patience ; mais, comme les mots sont destinés à rendre les idées, il en résultait d'un côté que tout le bien qui se faisait était attribué à la royauté ; et de l'autre que tout ce qui se percevait d'impôts n'était que l'acquittement d'une dette légitime.

Que l'on ne dise donc pas maintenant que tel ou

tel principe est insignifiant, et que l'on ne doit pas se battre pour des principes. Je trouve au contraire que la reconnaissance d'un principe, juste en soi, est la sauve-garde des libertés publiques. C'est ainsi qu'aujourd'hui les Français ne doivent pas permettre qu'il soit, en aucune circonstance, porté atteinte au dogme sacré de la souveraineté nationale qui est le germe toute justice.

Je reviens, et je dis que le Roi des Français doit le trône à la révolution de juillet. C'est en vertu du principe de la souveraineté nationale qu'il est à notre tête : son gouvernement ne doit jamais oublier cette origine plébéienne. Créé par la nation, il ne doit y avoir entre elle et lui que des rapports de bienveillance. Plus ce gouvernement sera opposé aux traditions de l'ancien régime, plus il sera cher à la société, et plus aussi il agrandira et fortifiera son existence. Mais s'il avait le malheur de se jeter du côté de l'aristocratie, à l'instar du gouvernement du droit divin, il est évident qu'il creuserait sous ses pas un abîme qui pourrait l'engloutir.

En effet, il n'existe sur la terre que deux pouvoirs qui sont diamétralement opposés l'un à l'autre : le droit divin ou le droit des rois absolus, le droit public ou celui des peuples ; en d'autres termes, l'autorité et la liberté. Ces deux pouvoirs sont tellement contraires qu'ils ne peuvent coexister dans le même lieu. Mais, dira-t-on, on trouve cependant çà et là quelques gouvernemens où il existe une sorte de balance de pouvoir, résultat de la concession des princes. Je réponds que ce n'est pour l'ordinaire qu'une déception, et que quand les souverains se décidaient à octroyer des chartes à leurs peuples, ils avaient la pensée secrète de les enfreindre un jour (1), et je n'en veux pour preuve que ce qui s'est passé naguère en Portugal, en Espagne, en France, en Belgique et en Pologne (2).

On a beau jeu pour retirer des libertés octroyées, lorsqu'on dispose de la force et de la richesse publiques, lorsqu'on place dans des postes éminens des hommes assez vils pour se laisser corrompre, enfin lorsqu'on trouve de lâches orateurs qui se servent

(1) Louis XVIII dit dans une circonstance, en s'adressant aux députés de la nation : *N'oublions pas, Messieurs, que la patience est une puissance.*

(2) C'est surtout l'aristocratie qui tend au renversement des constitutions, cherchant sans cesse à gagner du terrain.

de leur popularité comme d'un marche-pied pour arriver au pouvoir, et qui ensuite, à la honte de notre âge, ne craignent pas de renier leur origine. D'ailleurs la concession de quelques droits, de certaines franchises, porte toujours avec elle un caractère précaire, attendu que ceux qui font le don sont peu disposés à se croire liés par un contrat.

De ce qu'il n'y a que deux pouvoirs ou deux systèmes tout à fait opposés à suivre, celui de l'autorité et celui de la liberté, il résulte que ceux qui veulent se servir en partie de tous les deux en essayant de les faire marcher ensemble, sont dans une voie d'autant plus fausse qu'elle ne peut satisfaire qu'une faction. Voyez la marche adoptée par le ministère et par les chambres depuis la révolution de juillet. Les projets de lois présentés, discutés et votés, ne sont-ils pas des témoignages vivans d'une allure équivoque ?

Si le système du juste milieu n'est pas le résultat de l'ignorance politique la plus complète, il doit être nécessairement celui de l'intrigue et de la cupidité ; et ce ne serait pas la première fois que l'on aurait vu des hommes n'appartenant à aucune opinion, se complaire à tenir la balance entre les deux extrêmes, et, dans cette attitude, se repaître des largesses du budget.

On a dit avec raison que ce système était aussi celui de la peur, parce que, quel que soit le parti qui triomphe, comme on tient un peu à l'un et à l'autre, on n'est jamais sérieusement compromis (1). De plus, l'opinion doctrinaire est celle de toutes les médiocrités politiques. En effet, un beau talent est presque toujours accompagné d'un beau caractère. L'homme de génie méprise l'intrigue et l'ambition, se contente de peu, et dans sa marche quelquefois lente, mais toujours majestueuse et simple, il s'oublie lui-même, et ne vise qu'à la gloire de sa patrie et à l'affranchissement de l'humanité.

Que si quelquefois le talent se rencontre avec un cœur accessible aux passions, privé de sa pureté primitive, il perd à la fois de sa grâce et de sa force: tels ces êtres imparfaits que l'on a dépouillés des insignes du courage et de la virilité.

(1) Nous vivons dans des temps où l'on se souvient de la fable de la *Chauve-souris* et des *deux Belettes*. (Voir LAFONTAINE, liv. II, fab. v.

Ce serait une grande erreur de la part du gouvernement de croire qu'il peut sans danger être doctrinaire aussi ; c'est-à-dire, d'un côté caresser les légitimistes, et de l'autre, être bien avec les partisans de la révolution. D'abord il ne doit pas oublier que les légitimistes, carlistes ou absolutistes ne lui pardonneront jamais son origine ; et, quoique Louis-Philippe soit légitime par le choix du peuple et des chambres (1), les habitans d'Holyrood et leurs adhérens ne le considéreront toujours que comme un usurpateur (2). Quant aux gens du milieu, il faut convenir qu'ils feraient preuve d'une adresse vraiment merveilleuse s'ils venaient à bout de persuader à la nouvelle cour que l'ancienne la voit sans peine occuper sa place.

Les aristocrates anciens et nouveaux feignent de croire que les hommes de la nation veulent faire

(1) Il est vrai que les Chambres n'avaient pas un pouvoir constituant, et que le peuple n'a pas été admis à voter la nouvelle constitution, qui a été faite très-promptement, dans la crainte de l'anarchie et en quelque sorte sous l'empire de la nécessité. Aussi, il est à regretter que l'on n'ait pas été à même d'observer rigoureusement les principes dans cette occasion.

(2) Les journaux ont rapporté les expressions de madame la duchesse de Berry à M. Cadoudal, qui sont parfaitement dans ce sens.

pencher le gouvernement de leur côté pour arriver aux grands emplois de l'État. Ils ont l'art de les désigner à leurs concitoyens comme des démagogues ambitieux. Il est naturel de prêter aux autres ses propres vices ; et la bassesse a toujours vu avec haine et calomnié la vertu.

Que messieurs les privilégiés de la naissance, de la fortune ou du pouvoir se persuadent bien que les libéraux, vraiment dignes de ce nom, ne prétendent à d'autre place qu'à celle que peut leur assigner l'égalité. Ils seront assez satisfaits si les abus sont détruits, si le peuple est moins surchargé d'impôts, si enfin la morale publique est améliorée ; et ils ne demandent pour eux que leur part de la liberté et de la prospérité communes.

En vain, pour être bien avec tout le monde, voudrait-on se prévaloir de l'exemple de Napoléon qui avait flatté tous les partis (1). La France se trouvait alors dans des circonstances bien différentes : nous étions las des discordes civiles ; nous sortions

(1) Toutefois, au moment de l'adversité, il n'a pas eu à se louer des divers privilégiés, *nobles* ou *prêtres*, qu'il avait comblés de ses bienfaits.

à peine de l'anarchie ; on appelait de tous ses vœux un ordre de choses plus fixe et moins orageux. Napoléon profita habilement de sa réputation militaire pour se saisir du pouvoir souverain, et devenir ainsi l'arbitre d'une révolution qui avait froissé et déplacé tant d'intérêts.

En 1830, on a agi en haine de la tyrannie. La révolution doit avoir pour objet de faire pénétrer dans toutes les classes l'amour de l'ordre, de la liberté et de l'égalité, et d'assurer à jamais le triomphe du droit. Non, le sang français n'aura pas coulé pour changer seulement la personne du prince, et laisser subsister les anciens abus. Le gouvernement de juillet ne peut évidemment trouver de l'appui que dans les amis de la liberté. Certes, il ne sera pas soutenu par les anciens *ultras* qui ne rêvent que le droit divin. Il ne le sera pas mieux par les doctrinaires qui ne font alliance qu'avec leur intérêt. Ainsi, à l'intérieur, il doit adopter franchement un système favorable aux intérêts populaires, seul moyen de salut; laisser à l'écart l'incapacité, honorer le courage et le désintéressement, et dédaigner les clameurs de l'esprit de parti. Il doit avec les étrangers se conduire d'après les mêmes principes. Les rois absolus lui sont aussi opposés que les légitimistes. Les peuples libres doivent autant sympathiser avec lui que les patriotes. Ainsi, nous voilà arrivés à une théorie extrêmement simple qui s'applique des deux côtés, et qui doit à jamais diriger la marche de notre gouvernement, soit qu'il s'agisse de l'intérieur ou de l'extérieur, des motifs d'alliances ou des sujets de divisions. Ici vient se placer plus spécialement la question de la guerre ou de la paix qui occupe depuis si long-temps tous les esprits. L'avenir seul prouvera si nous avons bien ou mal fait de temporiser au moment de notre révolution en annonçant des intentions pacifiques, au lieu d'enhardir, de favoriser l'élan des peuples, et d'étourdir l'oligarchie européenne par la vivacité de nos mouvemens.

L'ancien gouvernement avait tellement affaibli notre armée que nous paraissions peu en mesure d'engager une lutte générale. Aussi alors la question pouvait paraître douteuse. Toutefois, il est à croire qu'avec le secours de notre population nombreuse et guerrière, si nous avions jugé convenable de prendre une attitude ferme et menaçante, nous aurions été à même, en nous aidant des peuples, d'imposer aux dominateurs de l'Europe. Dans ce cas, la Sainte-Alliance doit savoir gré à Philippe de la marche toute pacifique que son gouvernement a bien voulu adopter. Cependant il ne faut pas trop se flatter que les autres souverains tiennent compte au nôtre des efforts qu'il a faits pour conserver la paix. On aurait tort de croire que les choses se passent entre les puissances comme avec les particuliers. Dans les intérêts privés la morale n'est pas entièrement méconnue, parce que l'opinion publique, qui est désintéressée, prononce sur la justice des différends. Entre les rois (1), au contraire, il n'y a d'autre mobile pour chacun que l'intérêt de sa conservation, ou, ce qui revient au même, de son pouvoir, et quand deux armées sont en présence, le choix d'un juge devient inutile.

Lorsque la Sainte-Alliance a appris notre révolution, son premier mouvement a été de prendre les

____

(1) Fan lega oggi Re, Papi e Imperatori
    Doman saran nimici capitali.
    Perchè, qual l'apparenze esteriori,
    Non hanno i cor, non han gli animi tali;
    Che non mirando al torto pui ch'al dritto,
    Attendon solamente al lor profitto.
ARIOSTE, ch. XLIV, s. II.

armes ; et, malgré les reconnaissances de certaines puissances, et, à travers les déclarations équivoques de quelques autres, il a été facile de deviner ses intentions hostiles à notre égard. L'instinct du maintien de leur pouvoir absolu indiquait aux rois la route qu'ils avaient à suivre, et, si nous n'avons pas encore l'Europe sur les bras, il faut l'attribuer aux divers embarras que les puissances peuvent éprouver chez elles, aux troubles de l'Italie, au courage des Belges, et surtout à la généreuse insurrection de la Pologne qui s'est offerte en sacrifice à la cause de la liberté (1).

Les partisans de la paix se sont placés dans une position favorable à l'égard des patriotes qui jugeaient la guerre nécessaire. Voyez, s'écriait-on, ces libéraux qui vocifèrent la guerre : rien ne leur coûte pour faire triompher leurs doctrines. L'or de la France qui serait sacrifié, le sang de ses enfans, la dévastation et le pillage ne sont rien à leurs yeux.

(1) Mais, comme on l'a fort bien observé, que les Polonais éprouvent des revers, et l'on verra si les choses ne changeront pas d'aspect. On saura alors si l'empereur de Russie ne veut pas parler en maître, replacer le prince d'Orange, son allié, sur le trône de Belgique, et faire marcher, de concert avec la Prusse, des troupes sur le Rhin.

Mais on leur répondra victorieusement de cette manière : Messieurs les hommes pacifiques, si vous pouviez nous garantir un état de paix honorable seulement pendant dix ans, vos raisons seraient bonnes, et il y aurait témérité à vous contredire. Mais, comme d'une part, nous savons de science certaine que l'oligarchie repousse de toutes ses forces le principe de la souveraineté nationale ; et que, de l'autre, l'histoire nous apprend que les rois absolus de l'Europe se sont coalisés contre nous chaque fois que nous avons voulu changer la forme de notre gouvernement, il ne nous est guère possible d'avoir toute la bonhomie de M. Sébastiani, et de nous reposer sur des paroles de paix dont rien ne nous garantit la sincérité (1).

(1) Je ne puis résister au plaisir de transcrire ici un beau passage de la première Philippique de Démosthènes, qui s'adapte parfaitement à notre situation actuelle : il n'y a qu'à substituer le nom collectif de la *Sainte-Alliance* au nom propre de Philippe, et les noms des divers peuples de l'Europe à ceux des provinces de la Grèce.

« S'il était généralement convenu que Philippe nous fait dans ce moment la guerre, la délibération se réduirait à choisir les plus sûrs moyens pour nous défendre ; mais comme, quoiqu'il étende tous les jours ses conquêtes, quoique toute la Grèce soit victime de ses injustices, il existe encore des hommes assez aveugles pour entendre tranquillement répéter dans cette assemblée que quelques-uns de nous cherchent à entraîner l'État dans une guerre, il convient de commen-

On pourrait reprocher au principe de la non-intervention d'avoir en lui-même quelque chose d'égoïste, puisqu'il abandonne les peuples à leurs propres forces, tandis que l'intervention en faveur des droits des peuples aurait un caractère plus noble et plus généreux; toutefois, le principe de la non-intervention devenait plus large lorsque M. Laffitte déclara à la tribune que le gouvernement ne permettrait pas que l'on intervint dans les affaires intérieures des états. Ces paroles prononcées par le président du conseil des ministres ont dû retentir en Europe, parce que M. Laffitte exprimait la pensée de notre cabinet; et, en pareil cas, les successeurs de

cer par détruire ce soupçon. J'avoue que s'il dépendait de nous de choisir entre la paix ou la guerre, la paix mériterait, à tous égards, la préférence. Mais si notre adversaire a déjà tiré l'épée, s'il rassemble ses armées, s'il nous amuse avec le nom de paix, tandis que, de fait, il se permet les plus violentes hostilités, que nous reste-t-il? qu'à nous défendre. Il n'y a qu'un insensé qui puisse voir une paix dans les préparatifs de Philippe pour tomber directement sur nous, lorsqu'il aura terminé ses autres conquêtes. C'est notre conduite vis-à-vis de Philippe, et non celle de Philippe avec nous, qu'on peut appeler une paix, et telle est la paix pour laquelle il répand ses trésors et prodigue son or à nos orateurs vendus à son parti; il se flatte qu'au moyen de leur influence, vous resterez en paix avec lui, tandis qu'il vous fera la guerre.

» Est-ce donc sur des mots, et non sur les actions, qu'un homme de bon sens doit juger de la paix et de la guerre? Il faudrait, à la vérité, ce ministre seraient mal reçus à prétendre que celui-ci ne faisait que rendre une pensée individuelle. Les peuples devaient avoir foi en notre gouvernement ; et ceux qui se sont soulevés pour réclamer leurs droits, pensaient que nous aurions assez de dignité pour leur prêter notre appui. Disons-le hautement, il serait horrible de laisser périr les patriotes italiens sur l'échafaud, parce que leur cause est la nôtre, que le gouvernement français doit son existence à l'insurrection ; et que, si la Sainte-Alliance réussissait dans ses projets, le même sort nous serait réservé.

Il importe aujourd'hui d'éclairer la nation sur ses

que Philippe fût le plus insensé des hommes, si, tandis que vous supportez paisiblement tous ses outrages, et ne vous occupez qu'à vous accuser et persécuter mutuellement, il vous déclarait une guerre qui ferait cesser vos discordes intestines, qui vous réunirait tous contre l'ennemi commun, et priverait ses agens du prétexte spécieux dont ils se servent pour suspendre vos mesures, en assurant qu'il n'est point en guerre avec vous. Quant à moi, je déclare que, par son attaque de Mégare, ses entreprises sur la liberté de l'Eubée, ses récentes incursions dans la Thrace et ses intelligences dans le Péloponèse, il a rompu le traité, et qu'il nous fait aujourd'hui la guerre ; à moins que vous ne prétendiez que celui qui se prépare à faire le siége d'une ville doit être considéré comme en paix jusqu'au moment où il en investit les murs. L'homme dont les desseins et la conduite tendent à me réduire en servitude est incontestablement en guerre avec moi, quoiqu'il n'y ait pas eu un seul coup de frappé ou du sang répandu. »

véritables intérêts, de la prévenir de la route environnée de précipices que le gouvernement semble vouloir suivre, pour ne pas laisser éteindre en nous ce feu sacré du patriotisme qui peut seul nous protéger contre une nouvelle invasion.

Qui pourra croire que, dans un siècle aussi positif que le nôtre, un ministre qui, sous la restauration, a si souvent fait preuve de capacité à la Chambre des Députés, soit venu nous entretenir d'un désarmement général, comme moyen de conserver la paix ? Un pareil projet, s'il était sérieux, ne tiendrait-il pas de la démence ? Hé quoi ! vous venez parler de faire mettre bas les armes à l'Europe au moment où elle se place sur le pied de guerre le plus formidable, et lorsqu'une lutte sanglante est engagée entre un malheureux peuple et ses oppresseurs. Ignorez-vous que les armées permanentes ont toujours été le plus puissant auxiliaire de la tyrannie ? Pensez-vous que, dès à présent, les nations n'auront plus d'intérêts à démêler ? Vous flattez-vous que toutes les passions se soient échappées du cœur de l'homme ? Mais s'il s'agissait d'un désarmement général, ce serait aux puissances étrangères à en donner l'exemple, car enfin, le gouvernement français de son côté donne assez de preuves chaque jour de ses intentions pacifiques, s'il est vrai qu'il laisse égorger ceux qui nous auraient soutenus au moment du danger, abandonnant ainsi les peuples qui devaient compter sur l'assistance qu'il leur avait promise (1).

Non, les Français ne sont pas assez simples pour mettre bas les armes lorsque les rois absolus font si cruellement respecter le principe de la légitimité. Le gouvernement de Louis-Philippe ne peut vouloir, en sacrifiant la société, s'immoler lui-même.

Nous avons suffisamment discuté les principes et agité les questions qui ont trait à la guerre ou à la paix. Il convient maintenant de se livrer à la recherche de quelques causes qui tendent à prolonger et même à augmenter le malaise social. Au premier rang, il faut sans contredit placer la fiscalité qui cherche à subsister sous ce nouveau régime, sans égard pour la révolution qui aurait dû l'abolir. Il n'est pas nécessaire d'être grand politique ni habile financier pour voir que l'état aujourd'hui ne peut pas supporter à la fois et le système fiscal de l'empire, et les char-

(1) M. Laffitte avait dit positivement à la tribune que le gouvernement ne permettrait pas que l'on intervînt dans les affaires intérieures des Etats.

ges si onéreuses de la restauration , et les frais énormes d'un état militaire imposant que va exiger l'ordre de choses nouveau. Que fallait-il donc faire après
les journées de juillet? Réduire de suite les traitemens
de tous les fonctionnaires et salariés de l'état , à com-
mencer par le premier échelon , et les restreindre au
nécessaire relatif (1) ; adopter pour la perception des
impôts le mode le plus simple et le plus économique,
supprimer toutes les sinécures, et se servir des diverses économies qui auraient été faites pour remplir nos forts de toutes les munitions dont ils avaient
besoin , y faire les ouvrages utiles à la défense du pays,
et enfin pour armer et équiper la garde nationale ;
au lieu qu'il semble qu'on laisse aux individus le
soin de faire les sacrifices. Mais on ne réfléchit pas
que s'il peut y avoir quelques contrées riches en
France, le plus grand nombre se trouve dans un état
de misère affligeant , et cela est-il étonnant à la suite
de deux invasions et après quinze ans de dilapida-
tions de la fortune publique. Il semble trop que l'on
craigne de déplaire à quelques particuliers, sans re-
marquer que l'immense majorité de la nation serait
satisfaite. Nous ressemblons à ces prodigues peu for-

(1) Par la loi rendue en avril dernier, on a opéré quelques retenues
sur les traitemens des salariés de l'Etat ; mais il fallait entrer d'une
manière plus large dans la voie des économies.

tunés qui consomment leur avoir en objets de luxe et d'équipement, et qui, dans des circonstances malheureuses, n'ont pas les moyens de subvenir aux premières nécessités de la vie.

Il n'est pas moins évident que des souscriptions, quoiqu'il ne faille pas les rejeter, seront toujours insuffisantes; tandis que les moyens légaux qui atteignent chacun selon sa fortune, nos amis et nos adversaires, sont une source féconde pour la richesse publique. Ainsi, que le gouvernement soit juste et conséquent; qu'il cherche les ressources là où elles se trouvent, et il verra renaître l'espérance et la confiance publique, compagnes inséparables d'un régime franchement libéral.

Il est incontestable aussi qu'un système de douanes trop prohibitif qui repousse les produits de l'étranger, lequel, à son tour, repousse ceux de notre sol et de notre industrie, ne tend pas moins à accabler l'agriculture, à gêner et à paralyser le commerce en général, et à prolonger les souffrances de la société. Doit-on compter pour rien l'intérêt de nos départemens frontières, et qui, précisément à cause de leur voisinage de l'étranger, ont avec lui des rapports bien plus directs et bien plus intimes qu'avec les autres parties de la France? N'est-il pas évident, par exemple, que la Suisse n'imposerait aucun droit sur nos vins si nous recevions également en franchise ses bestiaux? Puisque, d'après les progrès des sciences économiques, il est reconnu que ce que l'on appelait la balance du commerce n'est plus qu'un fantôme, puisque tout produit a une valeur réelle, et que tout habitant du globe est consommateur, pourquoi n'arriverait-on pas enfin à un système favorable à la liberté du commerce? Que des gouvernemens absolus se refusent à faciliter les relations avec des peuples libres, dans la crainte de l'envahissement des idées libérales, cela peut bien se comprendre; mais on ne peut concevoir de la même manière qu'une nation qui prétend aussi être libre, ou le devenir, se détermine à suivre la même direction.

Mais, dit-on, des industries particulières souffriront de l'application générale de vos principes sur la liberté du commerce. Alors, commencez à prévenir ceux qui exercent ces industries que la société est dans un état de progrès, et qu'ils doivent diriger leurs spéculations en conséquence. Faudra-t-il, pour quelques vues particulières qui d'ailleurs peuvent se porter d'un autre côté, que les grandes populations se trouvent tellement enlacées et enchaînées, qu'elles ne puissent satisfaire à tous leurs besoins?

Que penserait-on d'un médecin qui voudrait s'opposer à la propagation d'un remède qui aurait pour objet de guérir un grand nombre de maladies, sous le prétexte que cela porte atteinte à sa fortune; d'un avocat qui se plaindrait de ce qu'on a trouvé le moyen de tarir la source d'un grand nombre de procès? Ne serait-on pas en droit de leur répondre : Vous, médecin, vous n'existez que parce qu'il y a des malades ; vous, avocat, que parce qu'il y a des procès; mais lorsque l'Université vous a donné des grades à l'un et à l'autre, elle a naturellement subordonné l'exercice de votre profession aux besoins réels de la société. Il est donc évident que chacun dans la sphère de son art et de son industrie est impérieusement soumis à la loi du progrès.

On a parlé des attroupemens et des grandes réunions d'individus comme d'un sujet de troubles et d'agitations pour la société ; et le gouvernement est venu demander aux chambres une loi contre les émeutes. Les partisans de la liberté eux-mêmes ont blâmé ces moyens violens de la manifestation d'un malaise plus ou moins général. Il faut toutefois admettre ici une distinction. On conçoit que si la po-

pulation s'attroupait en portant les armes, ou seulement en menaçant à chaque instant l'ordre de choses
établi, le gouvernement éprouverait des entraves et
des embarras qui réagiraient sur la société. Mais
qu'un certain nombre de citoyens se réunissent paisiblement pour s'entendre et discuter sur la chose
publique, il me semble que ce droit leur appartient
en vertu du principe de la souveraineté nationale
qui doit au moins de quelque manière appeler le
peuple à prendre part plus ou moins directement à
l'action du gouvernement. D'ailleurs, on ne peut pas
se dissimuler que ces réunions ont une cause, et
qu'elles sont destinées à appeler l'attention de l'autorité sur divers points qui intéressent telle ou telle
classe de la société. Il faudrait aussi prendre garde
qu'en défendant trop absolument toute espèce de
rassemblement, s'il se présentait quelque circonstance de mécontement général, l'explosion pourrait
devenir tellement générale aussi que le pouvoir aurait de la peine à lui résister.

Je ne puis achever cet écrit sans dire un mot de
ces associations nationales qui ont si fort excité les
récriminations du gouvernement. En général, les
hommes sages s'accordent à reconnaître que le ministère a fait une grande maladresse en paraissant

prendre de l'humeur contre des associations qui ont pour objet de repousser et l'étranger et la branche aînée des Bourbons. Pourquoi s'irriter contre des mesures qui sônt destinées à donner de la force au gouvernement lui-même, et à attacher de plus en plus la génération actuelle à l'ordre de choses établi par la révolution de juillet? Pourquoi vouloir comprimer l'élan national pour la défense du territoire s'il était menacé par l'étranger? Il n'y avait aucune raison à présenter pour jeter le blâme sur une pareille association; aussi dans cette circonstance le ministère n'a-t-il donné aucun motif capable de justifier son extrême susceptibilité.

Me voilà arrivé à la fin des réflexions que j'avais à faire sur nos intérêts les plus chers, ceux relatifs à la paix, à la guerre et à notre régime intérieur. Je n'ai pas la prétention d'avoir épuisé un sujet aussi important; mais, peu habitué à écrire longuement, j'ai voulu me borner à l'exposition de quelques principes qui doivent protéger l'ordre social. Je laisse à la presse périodique, qui d'ailleurs ne remplit pas sa tâche sans courage, à signaler spécialement et d'une manière plus vive, d'une part la funeste irrésolution et les honteuses faiblesses de notre diplomatie (1);

(1) Que penser du désarmement de la Suisse? Faut-il l'attribuer

et de l'autre, les abus qui subsistent encore, tels que ceux résultant de tous les genres de monopoles, de la gêne du commerce, et surtout d'une odieuse fiscalité qui est le germe le plus fécond de la misère et des perturbations de la société. Je devais parler librement parce que dans les circonstances mémorables et graves où nous nous trouvons, en face de l'Europe et de nous-mêmes, la patrie et le prince ont également besoin de connaître la vérité; et comme ma vie est pure de tout excès, j'ai pensé que je ne devais pas aujourd'hui me laisser accabler par l'excès de la modération.

aux influences oligarchiques qui ont pénétré dans son gouvernement et qui se sont élevées au détriment des principes démocratiques, que l'on sacrifirait même à l'étranger? ou bien a-t-il été amené par la marche incertaine de notre propre gouvernement, qui, n'ayant aucun des caractères de la force, ne mérite pas d'avoir des voisins indépendans? Toutefois, il est douteux que le peuple suisse consente à se jeter dans les serres de l'aigle autrichienne : l'honneur lui commande de faire respecter sa neutralité, si ces mots *patrie* et *liberté* lui sont encore chers. Mais il est du devoir de la France de lui prêter assistance en cas d'agression, et elle doit agir de même avec le nouveau roi de Piémont, qui ne peut plus se faire illusion sur les intentions de M. de Metternich, après ce qui vient de se passer. (Les dernières nouvelles de Genève paraissent expliquer d'une manière satisfaisante le désarmement provisoire de la Suisse.)

Quant à la Belgique, ce boulevard de nos provinces du nord et de la capitale, nous devons désirer qu'elle se choisisse un chef et non pas un maître; car plus les peuples qui nous entourent seront libres, plus ils sympathiseront avec nous.

FIN.